mon jardin zen

Pierre Nessmann
Brigitte et Philippe Perdereau

**Éditions
de La Martinière**

© 2011, Éditions de La Martinière, une marque de La Martinière Groupe, Paris, pour la présente édition.
Mise en pages : Claire Morel Fatio
© 2008, Aubanel, une marque des Éditions Minerva, Genève (Suisse), pour la première édition.
ISBN : 978-2-7324-4669-1
Connectez-vous sur www.lamartinieregroupe.com

Sommaire

CHAPITRE 1
Le style zen, source d'inspiration   05

Le jardin japonais, référence historique   06
Ambiance zen en ville   10
Culture zen au jardin   14

CHAPITRE 2
Réaliser un jardin d'esprit zen   17

Le traitement des surfaces horizontales   18
Les gravillons version jardin de sable japonais   18
Les agrégats façon jardin de sable revisité   22
Les pas en pierre   26
Les rivières sèches   32
Les pavés, dalles et béton   36
Les planches et platelages   38

Le traitement des surfaces verticales   42
Les enduits   42
Les briques   48
La pierre naturelle   50
Le métal et le verre   54
Le bois en palissade   56
Le bois ajouré   58
Le tissu   62

CHAPITRE 3
Décorer un jardin d'esprit zen   65

Le mobilier, le bien-être au grand air   67
Le mobilier pour contempler   67
Le mobilier pour converser   72
Le mobilier pour être ensemble   76

Les contenants, ponctuation du décor   80
Entre noir et blanc   80
Les teintes douces   83
Les nuances vives   87

L'eau, sereine et apaisante   88
Les miroirs   88
Les fils d'eau   94
Les lames d'eau   97
Les cascades   98

CHAPITRE 4
Planter un jardin d'esprit zen   101

Les plantations ondoyantes   102
Les plantations géométriques   110
Les plantations contrastées   118

Annexes   125

CHAPITRE 1

Le style zen, source d'inspiration

Le jardin japonais, référence historique

Ambiance zen en ville

Culture zen au jardin

Le jardin japonais, référence historique

Emprunté à la culture bouddhiste, le mot «zen» est couramment utilisé pour qualifier nombre d'atmosphères et de situations contemporaines souvent très éloignées de sa définition d'origine. Quelque peu galvaudé de nos jours, ce mot conserve cependant une aura mystérieuse et désigne une attitude calme en toute circonstance, quelle que soit l'agitation environnante. Mais le terme japonais «zen» qualifie à l'origine une école bouddhiste, venue de Chine entre le XIIe et le XIIIe siècle, dans laquelle la méditation occupe une place prédominante. Ce courant de pensée, à la recherche de la beauté et de l'équilibre, participe au fil des siècles à la transmission orale des savoirs au Japon et développe les principes d'un enseignement que le maître prodigue à l'élève. Parmi ces savoirs, l'art des jardins occupe une place importante, témoignant de l'admiration et de l'intérêt jamais démentis de la civilisation nippone pour la nature et la botanique. À l'inverse des jardins occidentaux, caractérisés par un dessin géométrique et une approche rationnelle qui figurent la mainmise de l'homme sur la nature, les jardins chinois et japonais s'inspirent de paysages naturels, qu'ils reproduisent en s'efforçant de dissimuler toute trace humaine. Pourtant, rien n'y est laissé au hasard : le choix des végétaux comme celui des matériaux sont soigneusement étudiés afin de créer un décor paisible, équilibré et harmonieux, qui tient compte de plusieurs données. Parmi elles, la couleur : celles dont sont parés les composants du jardin déclinent des nuances de vert, d'anthracite ou de beige.

Le jardin japonais, inépuisable source d'inspiration du jardin zen, reproduit un paysage en miniature et décline un nuancier de couleurs autour de trois teintes principales : le vert, le brun et le gris. Mis en relief par un jeu d'ombre et de lumière, les feuillages révèlent leurs textures et s'opposent aux surfaces lisses des galets ou crevassées des roches. Un décor paisible et équilibré, que viennent rompre quelques ornements décoratifs typiques comme le pas et le pont japonais, ou encore le *tsukubai*, fontaine en bambou qui se déverse dans un bassin de pierre.

Représentées par des fleurs ou des fruits, les rares notes de couleur vive ne sont là que pour créer un contraste ou marquer l'alternance des saisons. La dimension et la disposition des éléments végétaux et minéraux s'inspirent fortement des paysages du Japon et reproduisent des océans, des cours d'eau, des vallonnements et des reliefs montagneux. Ainsi, plusieurs types de paysages miniatures se partagent les lieux – souvent de petite dimension – en alternant subtilement espaces vides et pleins, en générant des perspectives et des points de vue, et en jouant sur les ombres portées et les effets de surprise. Cette mise en scène soignée, notamment dans la disposition des roches, est assurée par des maîtres jardiniers et dresseurs de pierres. Elle n'est pas sans évoquer le Feng Shui, dont les principes furent établis en Chine dès le IVe siècle av. J.-C. avant d'être diffusés plus tard au Japon. Aujourd'hui, ces préceptes, auxquels s'ajoutent les valeurs du zen, sont réunis dans le jardin japonais. Ils restent d'actualité et inspirent les architectes et les paysagistes européens, mais aussi un nombre grandissant de jardiniers amateurs. À la simplicité et à la sérénité du style japonais s'ajoutent une grande facilité de réalisation et une véritable souplesse d'adaptation, qui permet à chacun de laisser libre cours à son imagination et à ses goûts. C'est en cela que le jardin zen est résolument contemporain et dans l'air du temps.

Le choix des végétaux et des matériaux a une importance capitale dans la mise en valeur de l'esprit zen. Ici, la barrière alterne les cannes de bambou façon yotsume, et le portillon aux barreaux en diagonale, inspiré du style Shiorido, se mêle aux roseaux de Chine (*Miscanthus sinensis* 'Zebrinus' *et Miscanthus sacchariflorus*) et aux herbes-aux-écouvillons (*Pennisetum alopecuroides* 'Japonicum')… Ils opposent leurs silhouettes graciles à celles dodues des buis, taillés en boule sous les frondaisons ciselées d'un érable pourpre du Japon (*Acer palmatum* 'Dissectum Atropurpureum').

Au cœur des villes, les conditions de vie sont rudes pour les végétaux… Il est préférable de les remplacer par un patchwork de matières minérales inspiré des jardins secs japonais, et d'animer le décor grâce à un bassin, un éclairage approprié et quelques spécimens remarquables de plantes.

Ambiance zen en ville

Les principes d'aménagement du jardin japonais s'appliquent particulièrement bien aux petits jardins de ville. En effet, la plupart des jardins au Japon sont constitués de cours aux dimensions réduites dans lesquelles prennent place des aménagements sobres et épurés, portant le nom de *tsuboniwa*. Tout l'art de ce décor, simple et dépouillé, consiste à mettre en scène le vide… Respect des proportions, équilibre des masses et absence d'artifice constituent les lignes directrices d'un aménagement réussi : ce type de jardin ne doit pas être trop encombré, afin de laisser libre cours à la méditation et à l'évasion de l'âme. Aussi, les arbres et les arbustes sont rares, et choisis pour leur silhouette exceptionnelle ou l'attrait particulier de leur feuillage. La majorité des espèces possèdent des feuilles persistantes, mais il est conseillé de disposer un ou deux sujets à feuillage caduc pour prendre la mesure des saisons.

Chaleureux, le bois évoque les terrasses en plancher qui entourent les maisons de thé traditionnelles, sur lesquelles s'asseoir ou déambuler est toujours très agréable, même pieds nus. Ce parement est à éviter en zone ombragée car il devient glissant par temps de pluie mais, bien exposé au soleil, il contribue à maintenir un microclimat chaud favorable aux plantes méridionales, comme ici la canne de Provence panachée (*Arundo donax* 'Variegata').

Certains jardins urbains bénéficient de peu de lumière et nécessitent, en guise de revêtement de sol, des matières minérales telles que le sable ou le gravier, et des dallages ou des platelages en bois. Ce traitement minéral des surfaces horizontales remplace avantageusement la pelouse, souvent condamnée à court terme au dépérissement, par manque de lumière. Pour les inconditionnels du tapis vert, le gazon peut être remplacé par de la mousse naturelle, des plantes vivaces tapissantes qui supportent l'ombre, comme l'helxine ou la sélaginelle, des fougères (polypode et capillaire) ou des graminées à faible développement, tel le muguet du Japon (*Ophiopogon japonicus*). Dans un quartier résidentiel ou à la campagne, une exposition plus ensoleillée autorise un choix plus vaste de végétaux et permet même l'implantation d'espèces méditerranéennes. Mais grande alors est la tentation de multiplier les massifs et de diversifier la palette végétale, au risque de s'éloigner du dépouillement et de la simplicité propres à l'esprit zen… L'encombrement végétal des petits jardins doit donc être limité, ne serait-ce que pour réserver suffisamment de place aux usagers. Aire de détente, plage de repos et coin repas occupent ainsi l'essentiel de l'espace, que l'on agrémentera de bacs plantés et de meubles confortables.

Culture zen au jardin

Les différents styles de jardin se distinguent par leur tracé, leurs composantes végétales et minérales ainsi que par l'atmosphère qui s'en dégage. Les lignes droites, associées aux silhouettes carrées ou rectangulaires des végétaux, participent d'une vision architecturée du jardin, à la manière des jardins à la française. Elles sont le résultat de tailles fréquentes, indispensables à ce décor très structuré. Actuellement, ce mode de conduite des végétaux tend à créer des atmosphères très contemporaines, dans lesquelles le nombre limité d'espèces et l'uniformisation des apparences relèvent de l'esprit zen. Mais ce sont les tracés sinueux, les formes sphériques ou incurvées, à la forte connotation extrême-orientale, qui déclinent au mieux les principes du jardin zen. Les formes arrondies sont, en effet, les plus fréquentes dans les jardins chinois et japonais, tant dans le dessin des allées, des massifs ou des plans d'eau que dans la conduite des végétaux, taillés en boule, sculptés en nuage ou modelés en une succession de vallons ondulants. Un décor tout en rondeur et en souplesse, émaillé parfois de quelques pierres dressées, toujours en nombre impair, qui établissent un lien entre la terre et le ciel...

Les tracés sinueux et circulaires sont caractéristiques des jardins extrême-orientaux et s'inspirent des principes du Feng Shui, notamment dans la forme des bassins et des plans d'eau, ou dans le dessin des bordures, des murets et des allées. En revanche, les silhouettes coniques – végétaux taillés ou constructions en pierre – sont considérées comme des éléments forts, à ne reproduire qu'avec pondération dans un jardin.

CHAPITRE 2

Réaliser un jardin d'esprit zen

Le traitement des surfaces horizontales
Les gravillons version jardin de sable japonais
Les agrégats façon jardin de sable revisité
Les pas en pierre
Les rivières sèches
Les pavés, dalles et béton
Les planches et platelages

Le traitement des surfaces verticales
Les enduits
Les briques
La pierre naturelle
Le métal et le verre
Le bois en palissade
Le bois ajouré
Le tissu

LE TRAITEMENT DES SURFACES HORIZONTALES

Les étendues de gravillons évoquent les jardins japonais et s'appliquent à toutes les surfaces planes. Facile à mettre en œuvre, ce type de revêtement demande également peu d'entretien puisqu'un seul passage de râteau ou de balai à feuilles suffit à redonner de l'éclat à la matière, notamment dans les allées très fréquentées, ou à éliminer les feuilles mortes.

Les gravillons version jardin de sable japonais

Le recours au sable pour habiller le sol remonte à l'origine des jardins japonais. Les maîtres du zen utilisaient alors des gravillons blancs pour symboliser l'eau, et couvrir de vastes étendues figurant les mers ou d'étroits passages simulant les cours d'eau. Pour animer ces surfaces, ils traçaient à l'aide de râteaux des motifs géométriques (*sazanami*), des ondulations (*uneri*), des écailles de poisson (seigaiha) ou encore des festons (*katao-nami*) qui suggéraient les turbulences à la surface de l'eau. Ce traitement traditionnel du sol, caractéristique de l'art des jardins japonais, évoque immédiatement l'esprit zen quand

il est repris dans un aménagement contemporain. Très facile à reproduire, il est aussi très simple d'entretien. Il suffit de niveler soigneusement le sol, puis de déposer un feutre imputrescible avant d'étaler une couche de quelques centimètres de sable de rivière ou de gravillons. Les sillons sont tracés au râteau et tiennent, selon les conditions météorologiques, deux semaines environ. L'utilisation de sable de plage, en revanche, produit un effet limité dans le temps car ses grains trop fins provoquent l'effacement rapide des motifs.

Tout l'art du jardin japonais repose dans le traitement décoratif des jardins de sable et dans la combinaison des pierres, disposées autrefois par des moines bouddhistes « dresseurs de pierres », ou *ishitatesô*. Rien n'est laissé au hasard, ni leur nombre – toujours impair dès qu'il y a plus de deux pierres –, ni leur orientation, ni leur position, qui doit laisser supposer qu'elles sont placées ainsi depuis toujours, telles des îles émergeant de l'océan.

Les agrégats façon jardin de sable revisité

Au Japon et en Chine, le matériau traditionnellement utilisé pour habiller les surfaces horizontales est un gravier issu de l'érosion de parois granitiques. Déclinant plusieurs nuances de blanc et de gris, ce gravier possède aussi des teintes plus claires, comme le beige ou l'écru, réservées en priorité aux cours et aux jardins clos qui manquent de lumière. Ce principe reste d'actualité, même si, à notre époque, quelques ajustements sont nécessaires. En effet, au XXIe siècle, l'utilisation de couleurs vives dans les jardins et la production de matériaux issus du recyclage ont quelque peu élargi l'offre en matière de revêtements minéraux. Il n'empêche que les graviers ronds, concassés et les mini-galets plats restent les favoris et déclinent une vaste gamme de coloris allant du blanc pur au noir, en passant par des nuances de gris, de beige, d'ocre et de brun-rouge. Soigneusement triés et calibrés, ils créent des surfaces aux effets homogènes et constants. Trop peut-être, puisqu'on les associe de plus en plus à d'autres matières destinées à rompre la monotonie. Parmi elles, les gravillons teintés de coloris naturels ne manquent pas de réveiller les surfaces endormies. Ces innovations sont toutefois tempérées par des matières plus classiques, comme le bois, le métal ou la pierre naturelle, qui animent désormais les surfaces gravillonnées d'une multitude de combinaisons et d'ornements.

Dans les versions revisitées du jardin sec japonais, les traditionnels gravillons ronds ou concassés s'allient désormais à d'autres matériaux, comme le bois, l'acier rouillé ou de simples gravillons teintés. Ces derniers se distinguent par leur coloris volontairement soutenu, très novateur pour un revêtement de sol. Ils illustrent l'une des tendances de la décoration zen en ce début de XXIe siècle.

Inspirée du motif du *yin* et du *yang*, cette calade insérée dans un platelage en bois est constituée de galets noirs posés à plat et de galets anthracite et blancs posés de chant. Les joints écrus, faits de sable clair mélangé à la chaux, forment un contraste fort avec les pierres sombres, rendues brillantes et humides par simple pulvérisation d'eau.

Les calades, sortes de mosaïques de galets habillant les sols, ont été inventées par les civilisations méditerranéennes et largement diffusées dans toute l'Europe. Des jardins de la Renaissance à nos jours, elles ornent des aménagements paysagers de tous les styles, avec toutefois une prédilection pour les réalisations du Sud. Mais à l'origine, ce sont certainement les Japonais qui ont ouvert la voie, en figurant le mouvement de l'eau à l'aide de galets disposés les uns contre les autres. Cet assemblage subtil de pierres plates est le résultat d'un long travail de patience, tant pour la sélection des formes et des couleurs que pour la mise en place des galets. La pose de chant, c'est-à-dire verticale, nécessite d'importantes quantités de matériaux mais produit un effet visuel remarquable, proche des écailles de poissons. La pose à plat est moins gourmande en

Pour réaliser une calade, procurez-vous des galets de rivière ou de mer. Ils sont proposés en sacs de 25 kg dans les magasins de bricolage, mais la récupération reste le moyen le moins onéreux de s'en procurer. Commencez par fabriquer un coffrage de la forme souhaitée à l'aide de planches en bois d'une hauteur de 10 cm, puis ajustez un grillage fin pour assurer une meilleure solidité de la fondation. Déposez ensuite un lit de mortier d'une épaisseur de 5 cm, soigneusement lissé à l'aide d'une truelle, puis dessinez les motifs avant de placer les galets. À plat ou de chant, serrez-les bien les uns contre les autres, puis comblez soigneusement les interstices avec un mélange de sable fin et de ciment liquide. Humidifiez la surface avec un fin jet d'eau pour nettoyer les galets et les fixer définitivement dans le mortier.

matériaux mais produit elle aussi un incontestable effet décoratif. En revanche, avec ce type de pose, les galets ont tendance à se déchausser plus facilement, à cause de leur scellement horizontal. Aujourd'hui, réaliser une calade demande un savoir-faire complexe et minutieux. C'est pourquoi l'on privilégie, pour limiter les coûts, la réalisation d'un motif isolé, qui, tel un joyau sur le sol, permet de faire illusion. Jouer sur la couleur des galets, le noir et le blanc, par exemple, en s'inspirant du sigle figurant le *yin* et le *yang*, suffit à évoquer l'esprit zen.

Inspirée des calades provençales, une multitude de petits médaillons faits de galets scellés dans un lit de mortier. Posés les uns contre les autres, ils tracent un élégant passage qui rappelle les allées minérales des jardins japonais. La pose des médaillons s'effectue comme pour un pavage sur un lit de sable damé ou sur une semelle en béton.

Cette version contemporaine du jardin sec japonais est constituée d'un pas en pierre naturelle, posé sur un tapis de gravillons émaillé de verre concassé. La teinte bleutée du verre entre en harmonie avec les inflorescences des verveines de Buenos Aires (*Verbena bonariensis*). Elle illustre parfaitement la fonction spirituelle du pas japonais, qui, en guidant autrefois les hôtes vers le pavillon de thé, constituait un cheminement progressif vers la sérénité et l'harmonie intérieure.

Les pas en pierre

Les indémodables pas en pierre, dits aussi « pas japonais », sont faits d'une succession de pierres plates posées à même le sol, qui indiquent le chemin à suivre et évitent de se salir les pieds lors des déplacements dans le jardin. Les pas en pierre, ou *tobi-ishi*, ont été créés à l'initiative des maîtres de la cérémonie du thé pour permettre à leurs hôtes de rejoindre le pavillon de thé à pied sec et sans souiller leur kimono. Mais plus encore que cet aspect pratique, ce passage en pointillé avait pour objectif de tempérer l'empressement des invités à retrouver le maître des lieux, en les obligeant à marcher sagement en file indienne. Le temps passé à déambuler ainsi dans le sobre jardin permettait aux hôtes d'atteindre peu à peu la sérénité intérieure et de se concentrer sur la cérémonie qui les attendait. Cette tradition explique pourquoi ces passages discrets sont plus connus aujourd'hui sous le terme nippon de « pas japonais » que sous celui de « passe-pied » ou de « pas en pierre ». Depuis toujours, ils rencontrent un grand succès et constituent l'un des ornements emblématiques des jardins. Malheureusement, une utilisation parfois excessive a desservi les pas japonais, réduits un temps à une caricature, alors que, chargés de symboles, ils constituent l'un des composants majeurs des jardins zen.

Le pas en pierre, au même titre que les lanternes japonaises, constitue l'un des ornements emblématiques des jardins de l'empire du Soleil-Levant. Les pierres plates, régulières ou non, sont disposées de manière sinueuse au milieu de la végétation – ici des graminées, des géraniums vivaces et des fougères – et des traditionnelles plages de sable.

Le pas japonais, alliant la discrétion à l'efficacité, est habituellement réservé aux cheminements secondaires. Il permet d'atteindre certains points éloignés du jardin qui ne nécessitent pas forcément la réalisation d'une allée traditionnelle. Dans le cas d'un aménagement d'esprit zen, le pas japonais n'est pourtant pas réservé aux passages secrets et aux chemins secondaires, puisqu'il en constitue l'un des ornements majeurs. Pas question alors de le reléguer au rang d'accessoire : il fait partie du décor à part entière et peut même, dans certains cas, être à l'origine de parements innovants. Il en va ainsi lorsque les dalles, le plus souvent de forme géométrique et régulière, sont disposées de manière répétitive ou en damier. Ce type de calpinage, sur une surface gravillonnée ou plantée, apporte une note résolument contemporaine. Mais ces combinaisons symétriques s'éloignent de l'esprit japonais, qui prône un tracé sinueux, et surtout le plus naturel possible… Sans règle définie pour disposer les pierres, il s'agit alors de faire des essais, en fonction de la dimension des dalles, de leur forme et de la configuration des lieux.

Sur ces surfaces gravillonnées qui rappellent les jardins secs, les dalles, réparties à la manière d'un pas japonais, mettent en valeur le décor et l'inscrivent dans la plus pure tradition nippone. De manière plus pragmatique, ces cheminements en pierre offrent une assise stable et confortable, qui permet aux usagers des lieux de circuler à pied sec.

En forme de damier, cette alternance de tomettes en terre cuite et de gravillons revisite de manière contemporaine le traditionnel pas japonais. Cet ornement, réalisé à l'origine avec des dalles en pierre serties dans de l'herbe, de la mousse ou du gravier, permet de circuler à pied sec dans le jardin, tout en figurant les îles d'un paysage miniature.

Quelques principes concernant le mode de pose et l'espacement entre les dalles auront une grande influence sur l'aspect et le confort d'utilisation du pas japonais. La distance entre les dalles, de centre à centre, doit atteindre 65 cm.

Cette mesure correspond à la distance moyenne entre nos pas, et ce, qu'il s'agisse d'un tracé rectiligne ou d'un tracé plus sinueux. Quant aux critères esthétiques, le plus important réside dans le tracé qui, même s'il est rectiligne et le plus rationnel possible, doit suivre un parcours légèrement asymétrique, en « vol d'oies », ou *gankô* – sauf, bien sûr, si l'aménagement est géométrique. Les dalles doivent toujours être enterrées, afin que leur surface soit au même niveau que le terrain environnant. Une pose en saillie est cependant envisageable lorsque l'on souhaite donner l'illusion d'un cheminement sur l'eau, notamment dans un jardin sec.

Les dalles ou blocs de pierre doivent alors dépasser nettement du sable, du gravier, voire du tapis végétal. Lors de la pose, il faut veiller à ce que les deux bords se faisant face soient rectilignes, afin de les disposer en parallèle – sauf si l'on souhaite des motifs asymétriques. Enfin, lorsque les surfaces ne sont pas toutes identiques, il est préférable d'alterner les parements concaves (*yang*) et les parements convexes (*yin*), pour simuler un effet d'ondulation et d'harmonie.

De larges plaques de schiste, disposées telles des tuiles sur le sol, évoquent les jardins secs japonais. Pour réactualiser cet art ancestral et apporter une note contemporaine, les paysagistes disposent les pierres dans un cadre géométrique, dont le dessin rectiligne et régulier est à l'opposé du tracé sinueux propre à l'art nippon. On peut aussi employer le schiste à la place de gravillons, comme un revêtement de sol classique.

Les rivières sèches

L'art des maîtres « dresseurs de pierres » ne consiste pas seulement à poser des roches, mais aussi à créer un décor où l'absence d'eau n'est en rien un obstacle. Bien au contraire, celle-ci est symbolisée par des pierres en schiste, du gravier et du sable (*kara mizugata*) disposés selon le mouvement de l'onde souhaité. Ce type de jardin, qualifié de « paysage sec », ou *sakutei-ki*, apparaît au IXe siècle et met en scène des mers de sable, réalisées sur des surfaces planes, mais aussi des monts et des torrents, désignés sous l'appellation de *karesansui* et destinés à donner du relief au décor. De cet ensemble de roches dévalent des torrents fougueux et tourbillonnants, réalisés à l'aide d'une succession de simples pierres plates en schiste que l'on dispose en écailles de poisson. Cette méthode ancestrale inspire, aujourd'hui encore, bon nombre de paysagistes, qui y ajoutent une note contemporaine en l'intégrant dans un tracé géométrique. Ce principe est très facile à reproduire dans un jardin, pour décorer une zone ombragée ou habiller le sol d'un cheminement peu fréquenté. Il suffit d'installer un feutre imputrescible à même la terre, afin d'éviter les remontées par capillarité de fines particules de terre, puis de répandre des paillettes, des pétales d'ardoise ou des plaques de schiste, selon l'effet décoratif recherché.

Une interprétation contemporaine du paysage sec : des monticules ornés de mousse évoquent les flancs des montagnes ; ils se poursuivent en tapis de schiste et plongent dans une mer de sable, de laquelle émergent des îles faites de rochers.

Serpentant sur une pelouse, ce cheminement qui réunit deux rangs de pavés imite le tracé en «vol d'oie» d'un traditionnel pas japonais.

Ce maillage de pavés et de surfaces bétonnées présente une version moderne du pavage japonais, qui associe traditionnellement des tapis de galets et des rubans de brique ou de pierre taillée.

Les pavés, dalles et béton

Pour circuler à pied sec et habiller les terrasses et les petites places, les pavés et les dalles sont idéales. Pas question ici d'utiliser des gravillons ou du sable : leur instabilité empêche l'utilisation de mobilier de jardin, et leur caractère abrasif est incompatible avec des passages fréquents. Les surfaces dallées sont alors l'unique recours possible. Elles restent dans l'esprit nippon, puisque les dallages en pierres taillées, bien qu'apparus de manière tardive dans l'art des jardins japonais, ornent aujourd'hui encore beaucoup de réalisations extrême-orientales. Le calpinage des matériaux et leur tracé rappellent les pas japonais et les rivières sèches. On trouve, en effet, des assemblages de dalles, de pavés, de briques ou de galets scellés dans du béton qui donnent aux jardins japonais un style occidental sans pour autant nuire à l'esprit zen. Ces réalisations sont aujourd'hui une source d'inspiration pour les paysagistes contemporains qui, sans reproduire fidèlement les dallages japonais, arrivent à les suggérer, par un simple tracé ou par un assemblage particulier de matériaux. Un tracé en courbe sur une pelouse ou sur un tapis de gravier évoquera le cheminement sinueux d'un pas japonais ; le mariage de dalles irrégulières et de galets posés à la manière d'une calade figurera une rivière sèche. Enfin, des dalles en pierre naturelle, réunies en *opus incertum*, créent un effet moderne et rappellent les dallages réalisés aux abords des maisons, dont la plus large pierre permettait aux invités de se déchausser.

Au cœur d'un ensemble architectural contemporain, ce passage est composé de dalles irrégulièrement assemblées en *opus incertum*. Son parcours est volontairement décalé et noyé dans des tapis de pierres : cela permet d'évoquer les dallages japonais, mais s'éloigne de l'esprit du Feng Shui, qui décrit les tracés rectilignes, les angles et les impasses comme des éléments perturbants.

Les planches et platelages

Les platelages, les caillebotis et les pontons en bois sont des ornements traditionnels dans les jardins japonais et chinois. Ils parent non seulement les passages qui relient la maison à la périphérie du jardin, donc au monde extérieur, mais également certaines circulations internes et les abords des bâtiments : des galeries couvertes – coursives, préaux et déambulatoires – assurent la transition entre l'habitation et le jardin. Si le bois est, aujourd'hui, la matière la plus employée en Occident, le bambou demeure, au Japon et en Chine, un matériau fréquemment utilisé pour revêtir le sol. Les cannes, fendues ou non, sont coupées selon la largeur de l'allée puis scellées dans du mortier, pour habiller des chemins qui auront l'allure de

Parsemées de mousse et de lichen, et patinées par le temps, ces planches fixées sur une ossature en bois émergent d'une prairie fleurie. Elles permettent, à la manière d'un pont suspendu, le survol d'un paysage miniaturisé.

Installé au ras du sol, ce cheminement, fait de planches brutes et irrégulièrement découpées, participe à l'atmosphère zen de ce décor, qui n'est pas sans rappeler la sobriété et le dépouillement des jardins japonais.

ponts suspendus. Mais l'emploi du bambou ne s'arrête pas là, puisque les cannes sont aussi utilisées dans le sens de la longueur, pour fabriquer des lames de planchers ou des éléments de placage. Toutefois, le bambou reste un bois fragile réservé aux surfaces abritées, telles les galeries couvertes qui relient les différents bâtiments des habitations chinoises et japonaises.

Les espèces à bois dense – les plus adaptées à une utilisation extérieure – sont qualifiées d'« exotiques » parce qu'originaires d'Indonésie (kempas, bangkirai) ou d'Amérique du Sud (ipé). Elles sont naturellement résistantes aux agressions du temps, mais fort peu écologiques, en raison des moyens déployés pour les acheminer jusqu'à nous. Mieux vaut privilégier les essences résineuses (épicéa, mélèze, sapin de Douglas ou pin sylvestre) et feuillues (acacia, châtaignier, chêne ou frêne) issues de forêts européennes. Leur bois possède, cependant, une densité moindre et ne peut durer qu'avec un traitement dit « en autoclave » ou par rétification.
Le bois autoclavé est imprégné sous pression de produits au fort pouvoir insecticide et fongicide, alors que le bois rétifié est chauffé progressivement à très haute température, ce qui modifie sa nature et le rend extrêmement résistant. Pour préserver les forêts, privilégiez les bois écocertifiés ayant reçu le label FSC ou PEFC.

Parmi les galeries à ciel ouvert, dites aussi « galeries flottantes », les pontons et passerelles sont certainement les ouvrages les plus emblématiques des jardins d'Extrême-Orient. Permettant de franchir un cours ou un plan d'eau, ils sont investis d'une symbolique forte en Feng Shui : se rendre d'une rive à l'autre est considéré comme propice au changement de l'âme. Dans les jardins occidentaux, les cheminements en bois sont encore rares, notamment pour des raisons de sécurité, car ils sont glissants par temps de pluie. En revanche, le bois est très largement utilisé pour habiller le sol de vastes surfaces planes, comme un deck au bord d'une piscine, des terrasses de ville ou des aires de repos dans les jardins. Matériau chaleureux au regard comme au toucher, il participe de l'atmosphère zen et offre, malgré son aspect brut et un peu rustique, un effet contemporain. C'est surtout le mode de pose des lames qui permettra de créer cet aspect moderne : pour échapper aux effets surannés, il faut éviter les calpinages complexes qui donnent plusieurs orientations aux lames et privilégier de vastes plateaux au graphisme régulier. Ces surfaces homogènes seront propices à l'apaisement.

Franchir un talus à l'aide d'un escalier en bois évoque la traversée d'un pont, dans l'art des jardins japonais, et s'interprète en Feng Shui comme favorable à un changement d'état d'âme. Cette modification sera encouragée si l'orientation des lames change elle aussi, pour indiquer une rupture d'univers...

Si les lames sont posées dans le même sens, les plages en bois offrent, en plus d'une apparence très graphique, de vastes surfaces chaleureuses et apaisantes.

LE TRAITEMENT DES SURFACES VERTICALES

Les enduits

Le mur est un élément architectural qui définit les limites du jardin et le protège des agressions extérieures. Tels sont les principes développés dans l'art du Feng Shui, auxquels s'ajoute la notion de « frontière », entre ce qui est caché et ce qui est visible, entre l'intérieur – la face *Yin* de l'édifice – et la face *Yang*, tournée vers l'extérieur. Les ouvrages en briques, moellons ou parpaings, c'est-à-dire en matériaux durs, sont toujours construits, selon les principes du Feng Shui, sur les faces ouest et nord du jardin. Comme ces orienta-

Les harmonies de bleus, plus ou moins intenses selon l'éclairage, créent une atmosphère apaisante, douce et délicate, propice au repos et à la sérénité. Les nuances plus sombres, tel le bleu de Chine, rappellent l'ombre et la nuit, tandis que les teintes vives, qui tirent vers le bleu acier, évoquent l'eau, la glace et la fraîcheur. Ces couleurs gagnent à être rehaussées de teintes vives comme le jaune, l'orange ou le blanc.

tions sont les plus exposées au vent et à la pluie, cela protège le jardin des aléas climatiques. Les zones adossées à l'ouvrage bénéficient alors d'une atmosphère abritée qui les rend particulièrement agréables à vivre. Assis dos au mur, les usagers du jardin se sentent bien et savourent une vue d'ensemble sur les lieux. De nombreux matériaux sont utilisés pour édifier un mur en maçonnerie : le torchis, qui associe des fibres végétales à de la chaux, le béton, la pierre ou la brique. Le parement des murs est rarement laissé brut, pour des raisons esthétiques, mais aussi pour mieux résister au temps. Les parois sont enduites de chaux ou de mortier, puis badigeonnées d'une couleur dont le choix n'est pas fait au hasard. En effet, les teintes sont associées à des sensations plus ou moins agréables et participent de l'atmosphère zen du lieu.

Le brun rouille produit par l'oxydation de l'acier, et les teintes voisines, comme la terre cuite ou la terre brûlée, rappellent les murs construits en pisé, ce mélange de paille et d'argile caractéristique de certaines régions. Ces couleurs chaleureuses et profondes s'harmonisent particulièrement bien avec les végétaux et donnent au jardin une allure résolument moderne et contemporaine.

Les couleurs, qui vont du bleu au violet – la couleur du *yin* – créent une atmosphère douce, délicate et apaisante. Mais cette couleur évoque aussi l'infini, la pureté et la fraîcheur. Des sensations qui rappellent l'eau calme, lorsque les nuances sont claires et tirent sur le jaune, mais aussi l'eau fougueuse, lorsque les teintes s'assombrissent et contiennent plus de rouge. Un rouge qui offre lui aussi de nombreuses nuances… Des plus claires aux plus sombres, elles attirent le regard, évoquant le feu, l'action et la violence. Associé au bleu, le rouge s'assombrit et décline des tons grenat, pourpres ou carmin, qui procurent une sensation de chaleur et de confort. À l'inverse, mêlé au jaune, le rouge s'éclaircit dans des teintes orangées – couleur *yang* – liées à la gaieté. Le jaune est une couleur lumineuse qui rappelle le soleil, lié à la sagesse et à la vie. Très utiles pour éclairer une surface ou un coin de jardin, notamment en milieu urbain, les camaïeux de jaune agrandissent l'espace et réchauffent l'atmosphère. Cette impression peut également naître de nuances mêlant le jaune et le rouge, tels l'ocre, le beige, le brun rouille ou la terre cuite.

Les peintures extérieures ne sont pas les mêmes que celles utilisées à l'intérieur. Elles doivent résister aux intempéries comme aux UV. Les peintures acryliques Pliolite® et Hydro Pliolite® sont les plus fréquemment utilisées pour revêtir un mur. Leur application est facile et leur action couvrante s'accompagne d'un fort pouvoir d'adhérence. De plus, elles sont microporeuses, c'est-à-dire qu'elles laissent respirer le support. Pour trouver la teinte qui convient le mieux au jardin et créer l'atmosphère souhaitée, il est possible de recourir à des pigments. Mais pour donner de la texture à une surface, rien ne vaut un enduit à base de chaux, que l'on associera à un pigment minéral pour lui donner la couleur souhaitée. Teinté dans la masse, un enduit appliqué à la truelle, lissé au couteau ou à la taloche, et achevé à l'éponge si l'on souhaite obtenir une surface granitée, produit un parement d'allure plus authentique.

Le choix des teintes habillant les murs d'un jardin influence fortement l'atmosphère des lieux. Le blanc, moins en vogue, cède la place à des teintes paisibles et reposantes, tels le gris-bleu, le pourpre ou l'ocre. À l'inverse, les couleurs toniques comme le rouge framboise, le jaune vif ou le bleu turquoise créent des ambiances dynamiques.

Les verts, très largement représentés dans les jardins, sont les couleurs mêmes de la nature et évoquent le calme, la quiétude et la sécurité. Synonyme de paix et d'espérance, le vert est rarement appliqué sur un mur, même si quelques-unes de ses nuances, comme le gris-bleu, sont plus souvent utilisées. Ces teintes qui tirent vers le gris, voire l'anthracite, procurent une sensation d'harmonie et de sérénité, et leur neutralité convient particulièrement bien à l'esprit zen, car elle laisse la possibilité à chacun d'habiter les lieux. À l'inverse, cette impression est difficile à obtenir lorsque les murs sont habillés de teintes acidulées et vives. Si ces dernières créent des atmosphères dynamiques et toniques, elles ne sont pas propices au repos ni à l'introspection. On les réservera donc à quelques pans de murs placés dans les zones actives du jardin, par exemple les coins dédiés aux repas ou aux loisirs. Enfin, le blanc, le noir, le gris et l'argent sont à utiliser avec parcimonie, mais présentent de véritables atouts. Le blanc tempère les scènes trop vives et illumine un décor triste et trop sombre. Le noir met en relief les autres couleurs et crée une atmosphère élégante lorsqu'il n'est pas utilisé à l'excès. Le gris offre beaucoup de nuances, des plus claires, comme l'argent, aux plus sombres, comme le gris taupe ou l'anthracite. Très en vogue de nos jours, les gris servent à mettre en valeur d'autres teintes et permettent de composer des aplats aux couleurs raffinées et subtiles.

Les nuances de vert évoquent la nature et le calme. Apaisantes, ces teintes sont ici mises en scène par un subtil jeu de miroir reflétant les ombres des arbustes environnants et les inflorescences des Agapanthes tout en créant un tableau vivant.

Les briques

Les briques en terre cuite, traditionnellement utilisées pour construire les murs, disparaissent souvent sous un enduit, alors qu'un appareillage neuf, graphique et contemporain, est très décoratif. À l'inverse, les façades fatiguées gagnent à être enduites d'une couche de peinture, qui permettra de conserver la forme des briques mais dissimulera leur vétusté. Ce traitement redonne une seconde jeunesse aux parois et leur apporte une touche contemporaine. Les briques de verre ou pavés de verre produisent également un effet graphique, grâce à leur quadrillage de lignes régulièrement réparties. De plus, ce matériau transparent, généralement réservé à l'aménagement intérieur, produit, lorsqu'il est installé dans le jardin, un véritable effet de surprise et apporte une note résolument moderne.

Les briques neuves créent des parois d'aspect contemporain, tandis que la vétusté des briques anciennes gagne à être dissimulée sous une peinture qui viendra souligner le relief du parement. Les carreaux de verre déclinent de nombreux coloris qui, par un effet de quadrillage et de transparence, revisitent les traditionnelles cloisons coulissantes des pavillons de thé.

La pierre naturelle

Couramment utilisés en montagne pour retenir la terre et consolider des talus, les gabions se composent d'une cage en métal soigneusement remplie de pierres ou de galets de différentes tailles. Les blocs de forme cubique ainsi obtenus sont empilés pour créer des parois épaisses et stables. Réservé jusqu'ici aux entreprises de travaux publics, ce système de construction est de plus en plus utilisé dans les parcs municipaux, mais aussi dans les jardins de particuliers. La silhouette géométrique des gabions et l'alliance de l'acier et de la pierre produisent un effet résolument contemporain, qui n'est pas sans rappeler le graphisme en damier des treillages japonais. De plus, ce procédé est très facile à mettre

Il y a plusieurs tailles de gabions : ceux de 50 cm de côté sont les plus adaptés aux petits espaces, mais si la hauteur de l'édifice est importante, il est nécessaire de réaliser une semelle en béton pour le stabiliser. On animera le parement en alternant plusieurs types de pierre, à la texture et au coloris différents.

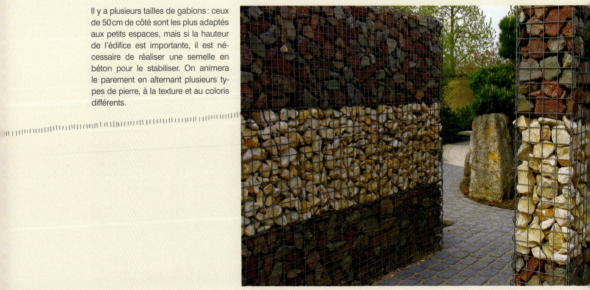

en œuvre, quelle que soit la configuration des lieux : il suffit de ramasser des pierres dans son jardin et de les réunir dans une cage métallique pour édifier un muret de clôture. Lorsque les ouvrages ne dépassent pas 50 cm de hauteur, la construction d'une fondation n'est pas nécessaire. Une semelle en béton ferraillée est nécessaire si la terre à retenir exerce une forte pression, ou si le mur réunit plusieurs gabions empilés les uns sur les autres. Lorsque le jardin ne contient pas assez de pierres pour remplir les gabions, il est possible d'utiliser d'autres matériaux comme des tuiles, des briques ou, plus original mais très fragile, des bouteilles en verre. Si les gabions apportent une note contemporaine, un mur en pierre sèche et taillée offre également un parement de belle facture, surtout lorsque la roche utilisée est d'origine schisteuse. En effet, ce type de pierre s'effrite en fines lames qui permettent un assemblage dense et compact, dépourvu de joints larges. Une fois réalisée, la paroi présente une parure linéaire, graphique et moderne, qui n'est pas sans rappeler l'aspect d'une calade, mais à la verticale. Ce résultat sera plus difficile à obtenir avec des moellons de grès ou de calcaire.

Les ossatures métalliques dont les dimensions sont proches du mètre cube voient leurs parois se bomber sous la pression des pierres. Les arêtes sont moins précises et les parois perdent de leur aplomb, ce qui donne à l'ensemble une silhouette plus bancale et moins géométrique, comme celle d'un gros coussin en pierre.

Un mur en pierre sèche peut pâtir de son classicisme et de sa rusticité. Pour lui donner un aspect plus contemporain, il faut le considérer comme un élément du décor à part entière et non comme une construction fonctionnelle. Il est alors judicieux d'envisager l'ouvrage comme une œuvre d'art, pas seulement comme un simple édifice de clôture ou de séparation. Pour ce faire, le mur devra suivre un tracé plus fantaisiste et lacérer l'espace, en émergeant d'un bosquet avant de disparaître derrière un buisson. Il peut aussi être entrecoupé d'ouvertures qui laissent la place à une allée. En le transformant en un ruban de pierre, on privilégie la fonction décorative. L'ouvrage n'est pas qu'un écran opaque qui délimite le jardin ; il permet, en cloisonnant les lieux, de le rendre plus intime encore. En effet, les alcôves et les niches sont autant de micro-jardins, à l'intérieur même du jardin, qui permettent de multiplier les thématiques végétales et les atmosphères, comme on le ferait dans une habitation. Au cœur du jardin, l'appareillage des moellons joue un rôle décoratif important. Les montages à joints secs, c'est-à-dire sans mortier, de pierres calcaires ou schisteuses créent des parements d'allure plus authentique que les façades jointoyées au mortier. À lui seul, le travail d'assemblage est une véritable œuvre d'art.

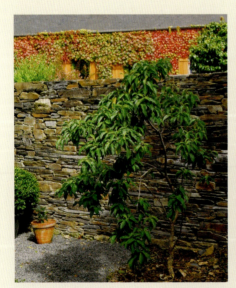

Un mur en pierre sèche jointoyé au mortier – recommandé pour les façades des habitations, pour des raisons d'étanchéité – perd de son attrait à cause de son parement lissé. À l'inverse, un muret à joints secs, ici en moellons de calcaire et en dalles de schiste, est mis en valeur par les rayons du soleil et s'anime de pans d'ombre et de lumière.

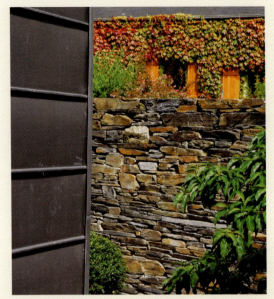

Les couvertures industrielles en zinc, détournées de leur usage pour revêtir une façade, offrent de nombreux coloris et affichent un graphisme résolument contemporain. Ici, la jonction des bandes de zinc permet une superposition de lignes horizontales, et donne un rythme à l'édifice que l'on retrouve dans l'habillage de verre et d'acier de ce bâtiment mis en lumière par des tubes lumineux jaillissant du sol.

Le métal et le verre

Le métal est peu employé pour habiller les parois verticales, à l'exception du zinc brut ou patiné et de l'acier corrodé, de plus en plus utilisés comme revêtements de façade et parements de muret. Le zinc propose des teintes anthracite, plus ou moins soutenues, et l'acier des nuances rouille qui entrent en harmonie avec la plupart des autres matériaux, tout particulièrement les végétaux. Si les plaques d'acier uniformes ressemblent à un enduit, les bandes de zinc, assemblées de manière successive, offrent des rayures qui créent du rythme et enrichissent le décor de manière très moderne. Une atmosphère contemporaine que dégage également l'utilisation de matières composites, tels les résines de synthèse ou les PVC, employés pour revêtir les parois ou réaliser des objets décoratifs. Ici aussi, point trop n'en faut, au risque de surcharger le décor : mieux vaut les distiller dans le jardin telles des œuvres d'art.

Le bois en palissade

Au Japon, les palissades en bambou et plus rarement en bois sont indispensables pour clore le jardin, notamment sur sa face sud, et ce pour respecter les principes du Feng Shui qui précisent que les murs en pierre doivent être installés au nord et à l'ouest, et qu'une haie doit délimiter la face est. Les palissades ou murs de clôture isolent physiquement et visuellement le jardin, en dressant un écran opaque, mais ils peuvent aussi cloisonner l'espace à l'intérieur même du jardin, et créer ainsi des atmosphères différentes – par exemple, en isolant le jardin de thé, auquel on accède par un portail (*chumon*). Les courtes sections de palissade et les barrières de séparation (*sode-gaki*) servent aussi à dissimuler les parties ingrates

Les bastaings emboîtés, utilisés pour la construction d'abris de jardin, créent des parois épaisses et d'aspect rustique, rajeunies par une lasure aux couleurs vives.

À la manière des planches de coffrage ou des lames à embrèvement, cette palissade en bois teintée d'une lasure offre un écran opaque, facile à réaliser pour séparer deux parties d'un jardin ou, pourquoi pas, pour habiller un mur disgracieux.

d'un jardin. Cette barrière opaque, en canne et tige de bambou, peut aussi être fabriquée avec des lattes de bois, des planches de coffrage ou des bastaings. En outre, la plupart des fabricants de palissades en bois proposent des panneaux en lattes de pin tressées, dont l'aspect rappelle les barrières réalisées à partir d'un tressage de tiges de bambou fendues (*amida-gaki*).

Les panneaux, faits de fines lattes insérées dans un cadre en bois, sont une version industrielle des traditionnelles barrières de bambou, ou *katsura-gaki*, et laissent deviner d'autres parties du jardin au travers du lattis ajouré.

Le bois ajouré

Au Japon, les barrières ajourées en bambou jouent le même rôle que les claustras et les treillages en lattis, en Europe : elles permettent de clore un espace tout en conservant une certaine perméabilité visuelle.

En Chine comme au Japon, les dessins des panneaux ajourés reproduisent le plus souvent des motifs géométriques ou des ornements symboliques et s'inspirent parfois de caractères calligraphiques. Les panneaux à coulisses, composés le plus souvent d'un quadrillage de lattes, sont doublés d'une feuille de papier translucide qui cultive savamment le secret. En effet, ces cloisons transparentes, intégrées aux habitations, n'autorisent qu'une vision imparfaite et suggestive des éléments – à la manière des ombres chinoises – sans découvrir l'intégralité des objets ou des végétaux lorsque les panneaux sont orientés vers le jardin. Dans les jardins occidentaux, les barrières à barreaux verticaux et les treillages à mailles carrées ou en losange sont les motifs les plus fréquemment rencontrés. Ils délimitent certaines parties du jardin sans les clore véritablement, et confèrent au décor une note extrême-orientale, surtout s'ils sont fabriqués à partir de matériaux bruts, comme les échalas en bois de châtaignier ou les cannes de bambou. Les barreaux verticaux portés par plusieurs lisses s'inspirent des barrières à « gros œil » (*yotsume-gaki*), définies ainsi en raison de leurs larges ouvertures géométriques, tandis que les ouvrages à mailles en losange (*yarai-gaki* et *koetsu-gaki*) offrent des parois plus denses. Enfin, les barrières réalisées en fines branches réunies en bottes (*chasen-gaki*), en broussailles et brandes (*shiba-gaki*) ou en fines branches de bambous (*daitoku-ji-gaki*) constituent des parois opaques. Difficile à trouver dans le commerce, sauf dans les magasins spécialisés dans la décoration extrême-orientale, ce type de barrière est assez simple à réaliser soi-même en récupérant des matériaux tels que cannes de bambou, échalas ou brande de bruyère.

Une clôture en lattes verticales de châtaignier, portées par deux ou trois lisses horizontales et maintenues simplement par des liens en chanvre, rappelle les barrières en bambou (*yotsume-gaki*) les plus couramment utilisées au Japon. Elle dessine une frontière graphique et rythmée, en réponse à la silhouette élancée des graminées.

Les claustras en lattes de bois qui forment un quadrillage délimitent discrètement les différentes parties d'un jardin et marquent un seuil. Ils apportent une indéniable touche japonaise, en rappelant les panneaux à coulisses. L'ombre portée sur le sol, à la manière des ombres chinoises, ne fait que renforcer cette atmosphère extrême-orientale.

Matérialisant le lien entre la terre et le ciel, ces colonnes en bois élancées, enduites de rouge, le symbole du bonheur, rappellent les piliers qui jalonnent les galeries et les corridors dans l'architecture extrême-orientale.

Ces colonnes de schiste aux teintes anthracite jaillissent, telle une armée de soldats protégeant le jardin, d'un tapis de gravillons blancs serti de carrés de buis. Cette mise en scène, démultipliée par un subtil jeu de miroir, est plus proche d'une œuvre d'art contemporain que d'un simple décor de jardin.

Les éléments verticaux qui jaillissent vers le ciel sont légion dans l'art des jardins en Extrême-Orient. À l'extérieur, ils ponctuent l'espace, jalonnent un parcours, suggèrent une perspective et encadrent une scène comme le font les piliers des galeries couvertes ou les poteaux des corridors reliant les habitations. Dans le jardin, les traditionnelles pierres dressées en sont l'une des illustrations les plus marquantes, mais les paysagistes contemporains ne manquent pas d'accommoder à leur manière ce jeu avec la verticale. Cela peut se traduire par l'installation d'une ou plusieurs colonnes en bois, en pierre naturelle ou en acier, qui émergent d'un tapis de sable, de plantes, ou même d'un plan d'eau. Les matériaux utilisés, peints ou laissés bruts, renforcent l'attrait décoratif de ces édifices. Ces véritables œuvres d'art ont également un rôle symbolique, puisque les colonnes matérialisent le lien invisible qui relie la terre au ciel.

Le tissu

Le cloisonnement d'un espace à l'aide de voilages, pour renforcer son intimité, recèle un double charme. Celui d'associer au végétal une matière peu courante dans les jardins, le tissu ; et celui de composer des parois fluides et changeantes au gré des vents. Les effets de transparence ainsi créés sont proches de ceux générés par les panneaux à coulisses, équipés de feuilles de papier translucide, qui caractérisent l'habitat chinois et nippon – à la différence que les voilages s'animent tandis que les panneaux restent figés. Un coin repos ainsi protégé permet de se détacher du reste du monde tout en étant visuellement relié au jardin. L'atmosphère feutrée qui se dégage de ce cocon de toile est propice à la réflexion personnelle et à la détente. Une ambiance qui gagne à être soulignée par la plantation d'espèces fluides et graciles, comme les graminées, dont les silhouettes dessineront des ombres chinoises…

Ce coin repos est isolé du reste du jardin par des voiles fins, attachés à une ossature métallique. Ils produisent des effets de transparence, à l'image des panneaux de papier translucides, et rejouent sans cesse, à l'aide de plantes mues par le vent – ici un cornouiller de Chine *(Cornus florida)*, des ancolies (*Aquilegia chrysantha* 'Yellow Queen') et des véroniques (*Hebe hybride* 'Green Globe') – les actes d'une pièce de théâtre d'ombres chinoises.

CHAPITRE 3

Décorer un jardin d'esprit zen

Le mobilier, le bien-être au grand air
Le mobilier pour contempler
Le mobilier pour converser
Le mobilier pour être ensemble

Les contenants, ponctuation du décor
Entre noir et blanc
Les teintes douces
Les nuances vives

L'eau, sereine et apaisante
Les miroirs
Les fils d'eau
Les lames d'eau
Les cascades

LE MOBILIER,
LE BIEN-ÊTRE AU GRAND AIR

Perché sur une terrasse au milieu des arbres ou niché au cœur d'une alcôve voilée, ce fauteuil club en résine de synthèse et cette chaise longue en métal époxy offrent une assise confortable pour écouter le vent qui bruisse à travers les feuillages ou le long des voilages.

Le mobilier pour contempler

Lignes sinueuses et enveloppantes, matières douces et sensuelles, espèces raffinées et délicates… Tout concourt à créer une ambiance paisible et reposante. Le décor est planté et prêt à vous accueillir, rien que vous, pour des heures de détente, de calme et de sérénité. Confortablement installé dans un fauteuil, vous goûtez l'atmosphère zen des lieux, propice à la contemplation du jardin, à l'évasion et à la réflexion personnelle. En toute tranquillité…

Au bord de l'eau, cette méridienne aux formes sensuelles et enveloppantes, dont la silhouette dodue s'oppose au tracé rectiligne de la margelle, offre un nid douillet idéal pour un moment de cocooning.

Bordé de paravents et plongé dans une végétation luxuriante – des buis sculptés et des graminées, couronnés par la silhouette «en nuage» d'un aralia – ce coin repos est inondé de verdure. Un éden végétal aux couleurs émeraude, symbole de quiétude et de paix.

Arêtes vives et angles droits caractérisent ce tabouret en béton, plus propice à créer un contraste visuel fort avec les fragiles corolles des tulipes qu'à offrir une assise confortable… L'esthétique l'emporte ici sur le fonctionnel.

Contraste saisissant entre nature et artifice : ces deux cubes en résine de synthèse teintées dans la masse, l'un bassin, l'autre fauteuil, opposent leurs silhouettes austères et rigides à celle, fluide et gracile, du tapis de graminées.

Alliant design et tradition, les fauteuils en résine de synthèse façon rotin offrent une assise confortable et une résistance à toute épreuve, même s'ils passent l'année entière à l'extérieur. Une robustesse que partagent les légendaires bancs en bois exotiques (teck, iroko) qui émaillent les parcs anglais, et dont le bois, au contact de l'extérieur, se colore d'élégantes teintes cendrées.

Le mobilier pour converser

Le jardin est un lieu de partage. Dans une atmosphère calme et confiante, loin de l'effervescence et des turpitudes de la vie, voilà que l'esprit zen qui plane sur les lieux est propice aux confidences. Dans l'intimité d'une alcôve de verdure ou face à l'immensité de la nature, deux chaises côte à côte suffisent à marquer une pause et à susciter le débat. Idées, impressions, sentiments… Tout ce qui fait l'essence des relations entre les êtres se trouve ici exprimé, transmis et entendu. En toute sincérité…

Brutes, chromées ou laquées époxy, les finitions proposées pour le traitement des ossatures métalliques sont multiples. Elles permettent des résultats aussi variés que ces cylindres-sièges en métal rouillé ou que ce banc, qui associe une structure métallique à une assise et à un dossier en bois, au confort relatif. Mais rien ne vaut le classique siège pliant de bistrot en bois et acier, à la fois léger à manier, facile à ranger et agréable à utiliser…

La chaleur du bois qui compose le plateau de cette table et le confort des fauteuils, en résine de synthèse façon rotin, nous invitent à prolonger les moments passés au jardin. En ville comme à la campagne, des matériaux adaptés aux intempéries permettent de profiter des belles journées jusque tard en automne.

Le mobilier pour être ensemble

À l'heure où le temps fait défaut et où tout semble se bousculer, se retrouver autour d'une table pour partager un repas et dialoguer devient exceptionnel. Et pourtant, ces trop rares moments de convivialité sont des instants privilégiés, que l'on prolonge volontiers

lorsque l'atmosphère du jardin s'y prête. L'esprit zen qui se dégage d'un lieu, par le choix des végétaux et des matériaux et grâce à la répartition des espaces et à leur agencement, permet de se détacher des soucis quotidiens pour goûter à nouveau au plaisir d'être ensemble. En toute simplicité…

Le bois flotté ou vieilli, à la texture nervurée et aux nuances cendrées, illustre l'une des tendances du moment en matière de mobilier de jardin : les matériaux à l'état brut. Doté d'un design contemporain, cet ensemble de bastaings rehaussés de coussins noirs s'oppose au classicisme du pavage de brique en forme de damier.

Une table ronde, contrairement aux modèles carrés ou rectangulaires, offre des formes douces et atténue les divergences entre les convives en les plaçant sur un pied d'égalité. Un design tout en courbes et rondeurs offre aussi plus d'harmonie au regard et s'intègre plus facilement dans un jardin. Ici, dans cet environnement urbain et anguleux, la table comme les végétaux sont facteurs d'apaisement, grâce à leurs profils arrondis.

LES CONTENANTS, PONCTUATION DU DÉCOR

Entre noir et blanc

Les bacs, les pots et les vases permettent de ponctuer le décor, d'accompagner une allée et d'encadrer une perspective. Le plus souvent coiffés de végétaux qui adoucissent leur silhouette austère, ils arborent des formes, des textures et des couleurs très diverses. Les nuances argentées et cendrées, comprises entre le noir et le blanc, sont cependant celles qui s'adaptent le mieux au jardin : ces teintes apaisantes et neutres permettent de mettre en place des décors chics et indémodables – d'autant plus

Les résines de synthèse, la fibre de verre et la fibre végétale s'adaptent à tous les profils de contenant et offrent des surfaces aux finitions variées, mates, satinées ou brillantes. De plus, ces matériaux légers possèdent un excellent rapport poids/volume, qui facilite leur manipulation et autorise leur utilisation en terrasse.

que les créateurs rivalisent d'idées pour concevoir des modèles toujours plus innovants, utilisant des matériaux aussi divers que le béton, le zinc ou le PVC.

Détournées de leur fonction d'origine, ces dalles en béton cerclées d'un filin d'acier forment un bac et entament une seconde vie, tout comme les contenants en fibrociment, qui, une fois débarrassés de la redoutable amiante, retrouvent les faveurs des paysagistes.

Depuis la tempête de 1999, le zinc est descendu des toits pour être recyclé dans les jardins sous forme d'accessoires, d'ornements ou de contenants, façonnés par des couvreurs que la nécessité a transformé en talentueux créateurs. Avec leurs parois fuselées et leurs arêtes vives, ces éléments en zinc ponctuent l'espace et apportent une note contemporaine au décor, en offrant de nombreuses patines qui ressemblent à s'y méprendre à du béton dont sont constitués les vases ci-dessous.

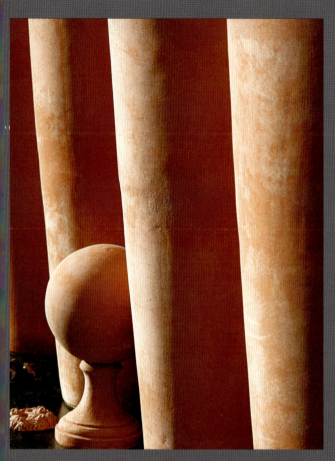

Les teintes douces

La terre cuite est une matière extrêmement sensuelle. Sa texture douce et ses teintes chatoyantes s'intègrent à tous les styles de jardin et sont intemporelles. Si les piètres copies de vasques italiennes et les pots à festons ont quelque peu lassé les paysagistes, les vases-colonnes et les contenants aux parois lisses, à l'allure résolument moderne, annoncent le grand retour de cette matière éternelle.

Les matières composites associant fibres végétales, liants et pigments permettent de fabriquer des contenants aux parois très fines. Sans perdre en solidité, et surtout beaucoup moins lourds, ces bacs possèdent un look très actuel et s'intègrent à tous les décors, grâce à une large gamme de couleurs douces et chaleureuses, qui déclinent des nuances de gris et de terre cuite réhaussés de quelques nuances plus attrayantes comme le violet, le mauve ou le rose fuchia.

Les vases « bleu de Chine », cobalt lavé de bleu nuit, sont du plus bel effet, comme ici, où ils sont associés aux teintes cendrées des agaves. Comme ils sont fragiles, il faut les protéger du gel en hiver en les abritant ou en les enveloppant dans une protection en plastique, pour que les parois, poreuses et gorgées d'eau, n'éclatent pas sous l'effet du gel.

Les bacs en céramique vernissée, façon vase « bleu de Chine », se reconnaissent à leur couleur caractéristique, d'un bleu brillant. Ils pâtissent cependant d'un handicap de taille : leur poids. En effet, leur matière est tellement dense que, une fois remplis de terre et plantés, ces contenants dépassent souvent les charges autorisées sur les terrasses, ce qui limite leur utilisation aux surfaces de plain-pied avec le jardin.

Le mobilier nomade, facile à déplacer et simple d'entretien, est l'une des tendances actuelles, à l'image de ces poufs en résine de synthèse, dont les teintes vives réveilleront le plus sage des jardins.

Les récipients récupérés en métal – seaux, bidons et cuves – constituent des contenants aux allures décalées mais très contemporaines. Pour les faire durer, il est conseillé de les enduire d'une peinture anticorrosion et de ne pas mettre le substrat en contact avec l'acier. Mieux vaut appliquer une couche de peinture imperméabilisante à l'intérieur du contenant avant de le remplir de substrat. Quant aux plantations, le choix d'espèces originales tant par la forme que par la couleur (ici des muscaris et des artichauts) renforcera l'attrait inédit de la composition.

Les nuances vives

L'époque est aux couleurs frappantes et vives, et les objets de décoration en témoignent. Le jardin et les ornements qui le composent ne dérogent pas à cette tendance, à commencer par les contenants, qui se parent de teintes éclatantes, fluorescentes, voire un peu criardes… Mais qu'importe ! En bousculant un peu les us et coutumes du monde du jardin, voici que s'ouvre une voie nouvelle : la création d'un lieu où s'exprime l'art contemporain. Un univers fantastique, un peu décalé parfois, et souvent bien éloigné de l'esprit zen, mais qui suscite un réel sentiment d'évasion.

L'EAU, SEREINE ET APAISANTE

Les miroirs

L'eau est un élément incontournable dans les jardins d'Extrême-Orient. Provenant des montagnes, squelettes de la terre, l'eau en est le sang. Elle est au cœur de nombreux rituels de purification du corps et de l'esprit, notamment lors de la cérémonie du thé. Sa présence et sa mise en scène sont permanentes. De l'eau tourmentée dévalant une cascade à l'onde calme et apaisante d'un étang, il n'y a pas un jardin qui n'ait un point d'eau. Lorsque les dimensions du jardin le permettent, les plans d'eau figurent l'activité horizontale par opposition aux arbres et aux rochers, qui expriment l'activité verticale d'un lieu. Les berges sinueuses devront dessiner des courbes concaves et convexes, afin d'activer l'énergie bénéfique *yin-yang*.

Les rives rectilignes sont proscrites des principes du Feng Shui, car elles annulent l'énergie bénéfique dégagée par l'onde. Celle-ci, en revanche, est source d'apaisement lorsqu'elle reflète des fragments de ciel.

L'eau et le végétal s'allient pour mettre en valeur l'art contemporain, comme ici, où l'onde renvoie le reflet inversé d'une silhouette subtilement adossée à des arbustes qui lui donnent chair.

Les miroirs d'eau de forme géométrique, intégrés à l'agencement des bâtiments, soulignent l'architecture des lieux et donnent une impression de modernité. Dans cette ambiance minimaliste, l'onde apporte de la vie, en reflétant des vues partielles et changeantes du ciel ou des frondaisons des arbres – à condition que la surface de l'eau soit calme et libre de toute végétation.

Les pierres plates posées sur l'eau, ou «pas japonais», constituent l'un des ornements typiques des jardins en Extrême-Orient, au même titre que les lanternes votives, placées à l'origine à l'entrée des temples shintô et bouddhistes. Ici, un modèle à piédestal, ou *tachi-gata*, dont la fonction symbolique a cédé la place à la fonction décorative.

Les fils d'eau

Dans un jardin du Feng Shui, l'usage veut que l'eau circule d'est en ouest afin de débarrasser le lieu des mauvaises énergies. Pour cela l'eau doit être courante et non croupissante, et cheminer au travers de ruisseaux ou de canaux de part et d'autre du jardin, après avoir alimenté un bassin. Dans un espace réduit, la réalisation d'un plan d'eau n'est pas toujours possible : il peut être remplacé par un fil d'eau, sorte de petit canal déambulant dans le jardin et desservant une pierre creuse, ou *tsukubai*. Cette fontaine basse, qui exige que l'on se baisse humblement pour en approcher l'onde, était implantée autrefois à proximité des pavillons de thé, pour convier les invités à se purifier le corps et l'esprit avant la cérémonie. Devenues ornements décoratifs, ces fontaines sont souvent accompagnées d'un *shishi odoshi*, sorte de tube en bambou, porté par un support et régulièrement alimenté par un filet d'eau, qui, une fois rempli, bascule dans un bruit sec et déverse son contenu.

Films d'eau et canaux réinterprètent ici les miroirs et les ruisseaux des jardins nippons, à la manière occidentale. Particulièrement adaptés aux petits espaces, ils présentent aussi l'avantage de créer un léger bruit d'eau qui participe de l'atmosphère zen du jardin.

Adossé à un mur ou mettant fin au parcours d'un ruisseau, le lamier crée une paroi d'eau homogène qui se jette dans un bassin. Ce dispositif ne doit pas générer trop d'écume, au risque de provoquer un excès *yin* selon les principes du Feng Shui.

Les lames d'eau

Le principe de la cascade est très répandu dans les jardins d'Extrême-Orient, où l'eau qui s'écoule permet les ablutions purificatrices. Mais au-delà de cet aspect spirituel, les cascades et les chutes d'eau sont aussi la représentation en miniature des paysages nippons, au même titre que les monticules de terre qui figurent les montagnes. Une chute d'eau n'est jamais le fruit du hasard, et les pierres seront disposées de manière à influencer son écoulement. Chutes à paliers, en surplomb ou à fleur de roche… il existe plusieurs modes de déversement, mais l'effet en lame d'eau est probablement le plus réussi. Il s'agit de placer une pièce métallique, appelée lamier, de manière à permettre un écoulement de l'eau régulier et homogène ; en plus d'être décoratif, ce dispositif produit un effet sonore agréable, qui participe de l'atmosphère zen du lieu.

Les cascades

Proches des lames d'eau, les cascades se distinguent cependant par un mouvement plus vif, qui se localise en un seul point. Ce type de chute d'eau doit être tenu à l'écart de l'habitation et des zones de repos, en raison de son fort niveau sonore, à l'image de ce jet d'eau, issu du faîtage d'un mur en béton teinté de pourpre, qui sert occasionnellement de douche d'extérieur. Cela peut être aussi, comme ici, une succession de tuiles romaines canalisant le filet d'eau vers un puits perdu.

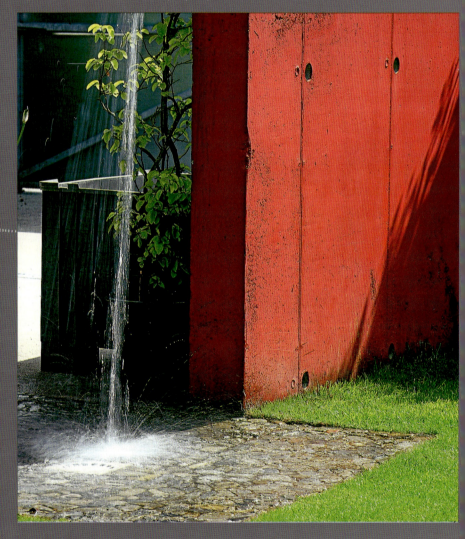

CHAPITRE 4

Planter un jardin d'esprit zen

Les plantations ondoyantes
Les plantations géométriques
Les plantations contrastées

Dans l'art de la taille japonaise, les silhouettes taillées des végétaux s'opposent à celles des ornements, pour créer un contraste fort. Un parti pris non suivi ici : les buis taillés en forme de boule entrent en harmonie avec un amoncellement de blocs granitiques, pour créer un décor zen et harmonieux.

Les plantations ondoyantes

Les jardiniers chinois, comme leurs homologues japonais, privilégient les formes sinueuses et arrondies. Que ce soit lors du tracé des massifs ou au moment de la taille des végétaux, les courbes et les formes fluides dominent, car il s'agit de se rapprocher des lignes créées par la nature. S'il est difficile d'établir une classification des végétaux *yin* et *yang* en fonction de leur silhouette – la science qui s'y rapporte est encore peu connue des Occidentaux – il est toutefois possible d'avancer que les formes légères et vaporeuses sont généralement reliées au *yin*. Cette apparence ondoyante s'obtient de manière naturelle en Chine, par l'absence de taille. En revanche, les rameaux sont maîtrisés de manière régulière, pour contrôler l'orientation et l'ampleur des branches charpentières.

Dans le jardin japonais, les végétaux sont taillés méthodiquement pour former des silhouettes qui répondent aux lignes directrices des bâtiments. Ici, des massifs de buis soigneusement taillés s'insèrent entre des roches titanesques, dans une interprétation contemporaine des jardins japonais.

La taille régulière, à la manière de la trogne, d'essences à grand développement, comme ici celle des chênes, produit des silhouettes disproportionnées. Alors que les troncs continuent d'épaissir, les couronnes miniaturisées par la taille restent compactes et participent de l'atmosphère zen du jardin.

Au Japon, les silhouettes arrondies sont associées aux ornements faits par l'homme, le plus souvent anguleux et géométriques, afin de créer un contraste fort. Ici, en haut à gauche, la taille en nuage pratiquée sur un genévrier s'oppose à la silhouette évasée et figée d'un vase en béton ; à droite, les rameaux graciles d'un aralia contrastent avec des boules de buis et un fond sombre et uniforme.

Au Japon, l'art de la taille concerne avant tout les arbustes – azalées, camélias, rhododendrons, buis et fusains – ou les conifères, tels le pin et le genévrier, qui doivent se conformer aux exigences des jardiniers. Passés maîtres en la matière, les Japonais appliquent aussi cet art de la taille aux arbres plus volumineux, qui doivent entrer en harmonie avec le lieu, et surtout garder des proportions adéquates. Ainsi, les petits buissons (*kokarikomi*) comme les grands bosquets (*okarikomi*) prennent la forme de nuages arrondis, de plateaux comprimés, ou adoptent des silhouettes compactes et miniaturisées. Mais les frondaisons peuvent prendre aussi une forme plus libre, proche de celle d'origine, ce qui nécessite une intervention régulière et quasiment invisible. Ce modelage permet de mettre en valeur les caractéristiques de chaque arbre – floraison, feuillage, fructification, tronc ou écorce – tout en le maintenant dans un volume défini et proportionné au jardin. Un art de la taille doublé d'un art de la mise en scène, adoptés par les paysagistes contemporains pour réaliser des ambiances zen…

Santolines (*Santolina chamaecyparissus*) et ballotes (*Ballota pseudodictamnus*) forment une nappe de feuillage cendré, dont les ondulations figurent la surface de la mer. De celle-ci émerge le tronc tortueux d'un olivier, lié au *yang* selon les principes du Feng Shui, à cause de sa silhouette isolée et légère. Malgré ses fleurs blanches, couleur *yin*, le rosier pleureur est peu compatible avec l'esprit du Feng Shui, en raison de ses épines et de ses rameaux tombants, jugés trop tristes. Il sera alors placé loin de l'habitation, près de l'entrée du jardin, où il jouera un rôle protecteur.

Un tapis végétal peut remplacer les plages de sable et les rivières sèches, mais demande beaucoup plus d'entretien. En effet, malgré l'utilisation d'espèces couvre-sol ou d'arbustes de faible vigueur, cet habillage exige une taille régulière pour contenir la croissance des sujets. Les aménagements les plus simples se contentent de simuler de douces ondulations, tandis que les scènes plus complexes, souvent inspirées des décors japonais, dessinent des ondulations marquées, voire de véritables moutonnements faits d'une succession de formes sphériques. Un décor qui peut aller jusqu'à la répétition de sphères uniformes et parfaitement identiques, caractéristique de l'une des tendances actuelles en matière d'aménagement paysager… Le choix des plantes doit tenir compte de la nature du sol et du climat, mais quelques espèces se prêtent bien à cet exercice. Parmi les plus tapissantes, les mousses, les fougères persistantes, les pervenches, *Pachysandra terminalis*, *Tiarella cordifolia*, le muguet du Japon (*Ophiopogon*) et les fleurs des elfes (*Epimedium*) se contentent de peu d'entretien ; le fusain rampant (*Euonymus fortunei*), *Cornus stolonifera*, *Lonicera nitida* et *Lonicera pileata*, le laurier-cerise (*Prunus laurocerasus* 'Otto Luyken') et les symphorines (*Symphoricarpos x chenaultii*) sont plus vigoureux, mais nécessitent une taille régulière pour être maintenus à bonne hauteur. Pour mettre en valeur le profil horizontal de ces plateaux et de ces océans de feuillage, il faut planter un sujet conduit sur tige ou sur tronc, dont la couronne isolée et majestueuse, liée au *yang*, en plus d'émerger de la masse végétale, générera une influence positive. Une implantation au centre, mais à l'écart de l'axe d'entrée de la maison, est toujours préférable, à l'image de l'érable installé au cœur des jardins impériaux.

Des séries de buis sphériques, très présents dans les jardins actuels, créent des décors minimalistes et zen inspirés des scènes nippones. Au Japon, la miniaturisation des arbres – l'art du bonsaï – est une tradition : un art illustré ici par des boules d'helxine, plantées dans des pots en zinc installés sur un gazon synthétique… Une forme d'art contemporain, inspirée de l'univers du jardin.

Selon les principes du Feng Shui, les silhouettes sphériques correspondent à l'élément métal et sont réservées à une orientation ouest. Mais en matière d'aménagement de jardin, l'attrait contemporain pour les sphères est incontestable. Son utilisation répétée, bien que s'éloignant des traditions japonaise ou chinoise, est dans l'air du temps et permet de créer des décors modernes, minimalistes et zen. Mais si les usagers apprécient cette touche extrême-orientale, le jardinier, quant à lui, souffre de devoir entretenir ces silhouettes sphériques… En effet, effectuée deux fois par an, la taille exige le respect rigoureux d'un gabarit, car la force d'un tel décor repose dans la régularité des sujets qui le composent. Le buis (*Buxus sempervirens*) est l'espèce la plus adaptée, car elle supporte les tailles répétées. La variété 'Suffruticosa', aux feuilles petites et oblongues, convient particulièrement bien elle aussi et s'accommode même de la culture en bac, ce qui permet de créer un décor zen sur une terrasse.

Plantés dans des bacs en acier chromé qui renforcent l'esprit artificiel et sculptural du décor, ces buis taillés en cube affichent des silhouettes graphiques et austères qui s'opposent aux frondaisons fluides des arbres environnants.

Les plantations géométriques

Les tracés géométriques sont très appréciés dans le domaine architectural, notamment en ce qui concerne la répartition des bâtiments, liés à l'élément terre selon les principes du Feng Shui. Mais les formes cubiques sont pratiquement inexistantes dans les jardins d'Extrême-Orient, notamment parmi les végétaux, qui affichent traditionnellement des silhouettes arrondies. Les formes soigneusement sculptées, cependant, sont très en vogue actuellement et donnent un caractère très travaillé à certains jardins contemporains. Ces formes graphiques peuvent être isolées dans un décor traditionnel ou rassemblées par petits groupes au sein d'un environnement dépouillé, voire austère. Dans le premier cas, les arêtes vives et les faces planes du cube formeront un contraste avec les lignes fluides et les masses sinueuses du jardin ; dans le second, la répétition de ces lignes sculpturales suffira à créer un décor dépouillé.

Les silhouettes cubiques dessinent une succession d'angles et d'arêtes vives, ce qui exige un environnement dépouillé, comme ici, où les cubes de buis émergent d'un sol gravillonné et répondent aux formes géométriques du mur en pierre sèche.

Dans le prolongement des formes rectangulaires et cubiques, les plateaux offrent de vastes silhouettes géométriques planes et uniformes. Il s'agit de plantations denses, composées d'une seule et même espèce, dont la croissance est contenue dans un volume défini, le plus souvent près du sol. Ce mode de conduite est une réinterprétation contemporaine des tapis ondoyants plantés dans les jardins japonais. Il s'intègre à tous les types de jardins, quelles que soient leurs dimensions, et offre des surfaces homogènes et apaisantes, propices à la réflexion et à la sérénité. Le feuillage des espèces doit être persistant, pour conserver la même allure en toute saison. Pour donner du volume au décor et rompre l'uniformité de ces aplats de feuillage, il est possible de faire s'élever un arbre, ou même plusieurs, dont le nombre et la silhouette ne laisseront rien au hasard. Pour appliquer les principes du Feng Shui et s'inscrire dans la tradition japonaise, mieux vaut répartir les sujets par nombre impair, et non par nombre pair – d'autant plus que le chiffre quatre figure la mort. Quant à la silhouette, les formes tombantes, jugées trop tristes, sont déconseillées, mais les ports buissonnants et arrondis sont fortement recommandés.

Les panneaux de feuillage comme le buis produisent de vastes étendues uniformes qui ne sont pas sans évoquer le tapissage végétal habillant les jardins japonais, à la différence qu'ils sont dépourvus de toute ondulation. Quelques arbres émergeants sont cependant utiles pour donner du relief au décor, à l'image de ces arbres isolés, figurant le *yang* de l'esprit du Feng Shui.

Parmi les silhouettes arrondies, les essences qui composent la grande famille des prunus, à laquelle appartiennent les pruniers, les amandiers et les cerisiers à fleurs, sont symboles de fécondité. Les agrumes, tels l'oranger, le mandarinier ou le cédratier, jouissent également d'une aura bénéfique en symbolisant la richesse et la félicité, tandis que les saules évoquent la féminité, les magnolias la pureté, et les pins la longévité. Il est également possible de planter des espèces plus communes, comme le bouleau, l'érable ou le hêtre, en veillant toutefois à ne pas mêler leurs silhouettes buissonnantes au port étagé des cèdres et des sapins, ou à l'allure altière des cyprès et des bambous. Ce dernier, espèce emblématique du continent asiatique et des jardins d'Extrême-Orient, est doté d'une symbolique forte : lié à la longévité, il est dans tous les jardins et s'utilise dans des domaines aussi variés que la cuisine ou la construction. Pour animer des surfaces planes et créer du relief, les paysagistes contemporains ont recours aux haies et aux panneaux de feuillage. Ces éléments opaques, dont la hauteur varie, sont très utiles pour clore ou isoler certaines parties du jardin. Peu courants dans le traditionnel jardin japonais, alors qu'ils sont légion en Occident, ces écrans remplacent les barrières et les palissages en bambou et en bois, et offrent des parements de feuillage plus faciles à fondre dans un environnement végétal. De plus, leurs silhouettes sculptées de manière géométrique vont apporter une touche contemporaine au jardin, surtout si celui-ci est de facture classique. Les silhouettes fantaisistes sont, elles aussi, très peu fréquentes dans l'art des jardins. Mais il est vrai que tout cela reste subjectif et question d'interprétation : toute forme peut paraître fantaisiste, même celle qui respecte les règles les plus strictes de l'art de la taille... Au Japon, cet art de tailler et de conduire les arbres est connu sous le nom de *niwaki* : certains pépiniéristes en ont fait leur spécialité, tant la demande est forte. Il est vrai que les silhouettes sculptées rencontrent un vif succès et sont emblématiques des traditions jardinières nippones. Un seul sujet, soigneusement implanté dans un décor minimaliste et sobre, suffit à créer une ambiance zen. Une ambiance qui peut rapidement se transformer en une atmosphère très contemporaine, lorsque les sujets sont reproduits plusieurs fois, à l'image des colonnes en schiste ou en bois évoquées précédemment. Ce principe peut aussi s'appliquer aux végétaux : réunies par dizaines, les structures végétales identiques, de forme colonnaire ou cubique, créent des scènes insolites et presque inquiétantes. Ces démarches artistiques s'approchent de l'art contemporain... mais s'éloignent de l'esprit zen !

Si les pyramides, formes triangulaires, et les sphères, formes incurvées, ne font pas bon ménage dans la culture du Feng Shui, elles produisent des contrastes forts sur le plan esthétique, que souligne ici la fluidité des graminées.

Telle une armée de sentinelles, ces colonies d'ifs d'Irlande créent une atmosphère insolite perçue comme fascinante pour certains et angoissante pour d'autres, mais, qui ne laisse pas indifférent. Une ambiance, somme toute, assez éloignée de l'esprit zen et comparable à une œuvre d'art contemporain vivante.

Dans un jardin, quelques silhouettes érigées évoquent le lien entre la terre et le ciel tel que le font les colonnades et piliers jalonnant les galeries ouvertes. Il est également judicieux de disposer des éléments verticaux dans un décor pour encadrer une perspective ou jalonner une échappée. Les végétaux à croissance naturellement fastigiée comme l'if d'Irlande (*Taxus baccata* 'Fastigiata'), le cyprès de Provence (*Cupressus sempervirens*) ou le genévrier commun (*Juniperus communis* 'Hibernica') sont alors préférables aux espèces taillées. Non seulement ils hisseront leur couronne vers le ciel sans intervention de l'homme, ce qui représente une économie de main-d'œuvre, mais ils déploieront une silhouette plus naturelle et moins stricte en phase avec l'esprit zen.

Les troncs émondés des arbres procurent également un amoncellement de verticales à la manière des colonnes accompagnant les galeries couvertes et reliant les pavillons d'une demeure nippone, mais ils apparaissent bien moins austères en raison de leurs silhouettes dodelinantes entrecoupées de quelques houppiers de feuilles.

Les plantations contrastées

Les jardins d'Extrême-Orient mettent en scène beaucoup de végétaux taillés, dont la silhouette est soigneusement maîtrisée par les mains expertes des maîtres jardiniers. Toutefois, chaque scène intègre quelques éléments moins disciplinés, plus spontanés, qui apportent de la légèreté mais surtout beaucoup de charme et d'authenticité au décor. Les jardins en Chine comme au Japon, ne l'oublions pas, s'inspirent très fortement des paysages naturels d'Extrême-Orient : malgré leur allure stricte et savamment apprêtée, ils recèlent aussi une certaine forme d'imprévu et de spontanéité. Les graminées, les mousses et les plantes vivaces à fleurs distillent, çà et là, quelques notes fluides et vaporeuses qui créent un contraste indispensable à la mise en valeur du jardin. Cette spontanéité, exprimée avec discrétion en Extrême-Orient, occupe une place importante dans les réalisations occidentales et semble répondre aux aspirations des jardiniers contemporains, qui composent de subtiles alchimies entre nature et structure, entre spontanéité et artifice. Des plantations contrastées et équilibrées qui, comme le traitement minéral des espaces, signent indiscutablement le renouveau de l'esprit zen dans les jardins occidentaux.

Ces plages de graminées (*Imperata cylindrica* 'Red Baron') opposent la spontanéité de leurs chaumes fluides et rougeoyants à la rigueur des panneaux de buis vert foncé (*Buxus sempervirens*) et illustrent l'une des orientations paysagères du XXIe siècle : la recherche de l'équilibre entre structure et nature. Ce décor joue avec les contrastes des textures, des silhouettes et des couleurs, et révèle la tendance actuelle des réalisations d'esprit zen.

En climat aride, les plages de sable accompagnées de tapis de thym, ici *Thymus praecox* ssp 'Pseudolanuginosus', remplacent la mousse et revisitent l'art des jardins japonais, en s'associant à des graminées comme les cheveux d'ange (*Stipa tenuifolia*), et à des molènes (*Verbascum bombyciferum* 'Polarsommer'). Une mise en scène qui joue sur les effets contrastés des textures, des teintes des feuillages et des silhouettes: dans le jardin entier, à l'aide de haies d'ifs ondulantes qui émergent de nappes de graminées (en haut), ou au niveau d'un simple massif (à droite), grâce à la transparence des fleurs de l'*Heuchera micrantha* 'Palace Purple'.

Le continent asiatique est à l'origine de nombreuses espèces de fleurs, d'arbustes et d'arbres, qui ont été acclimatés en Occident au XVIIIe siècle et ont fortement contribué à diversifier la flore de nos jardins. Pourtant, si les essences ligneuses et quelques graminées sont largement représentées dans les jardins d'Extrême-Orient, les plantes à fleurs – annuelles ou vivaces – sont plutôt rares, voire presque inexistantes. À l'exception de quelques espèces originaires de Chine et du Japon – pivoines, primevères, asters, œillets, pavots et chrysanthèmes – les plantes fleuries sont peu présentes dans les aménagements de jardin. Ces derniers se composent surtout d'espèces ligneuses sculptées, qui expriment à elles seules tout l'art des jardins d'Extrême-Orient. À l'inverse, l'art occidental du jardin intègre plus volontiers cette diversité végétale, à l'image des parcs et jardins anglais qui, tout en s'inspirant de paysages campagnards et naturels, mélangent les espèces locales et les plantes venues d'autres continents. Cet état d'esprit est toujours présent en Occident et les réalisations actuelles, même celles qui s'inspirent du pays du Soleil-Levant, affichent encore, et peut-être même

Décor contrasté opposant les silhouettes taillées des buis (*Buxus sempervirens*) aux allures vaporeuses des graminées (*Stipa capillata*), qui s'inspire des scènes d'Extrême-Orient et illustre le renouveau de l'esprit zen dans les jardins occidentaux.

plus que jamais, cette diversité variétale. Une diversité que les paysagistes contemporains se plaisent à mettre en scène, en mélangeant les silhouettes, les textures et les couleurs des feuilles et des fleurs pour créer des contrastes forts. Les décors reproduisant une atmosphère extrême-orientale sont appréciés des amateurs de plantes, qui trouvent là une source d'inspiration pour aménager leur jardin selon l'esprit zen. Un esprit que l'on renforcera en respectant la bonne répartition des couleurs *yin* et *yang*. Les premières, qui réunissent le blanc, le bleu et le violet, sont plutôt placées dans les zones nord, est et sud-est du jardin, alors que les secondes, rassemblant le jaune, l'orange et le rouge, sont réservées aux parties méridionales, nord-ouest et nord-est du jardin. Des principes que chacun adaptera à ses goûts, et surtout au sol, au climat et à l'environnement du jardin dont il dispose. Car cultiver l'esprit zen, c'est avant tout cultiver la spontanéité et l'authenticité, pour s'échapper des contraintes de la vie…

Annexes

Carnet d'adresses

Les parcs et jardins à visiter en France

_Jardin «zen» d'Erik Borja
Domaine des Clermonts
26000 Beaumont-Monteux
04 75 07 32 27
Visites sur rendez-vous
Lauréat du Jardin de l'année 2007
(décerné par l'AJJH)

_Parc oriental de Maulévrier
Chemin des Grands-Ponts
49360 Maulévrier
02 41 55 50 14

_La Bambouseraie
Domaine de Prafrance
Générargues
30140 Anduze
04 66 61 70 47
www.bambouseraie.fr
Label «Jardin remarquable» en 2005

_Jardins Albert-Kahn
14, rue du Port
92100 Boulogne
01 55 19 28 00
www.hauts-de-seine.net

_Jardin japonais
7b, route de Paris
67117 Ittenheim
03 88 69 12 31

_Le jardin d'Ombre et Lumière
9, rue Lafayette
94100 Saint-Maur-des-Fossés
01 48 89 50 05

_Parc floral de Haute-Bretagne
Château de la Foltière
35133 Le Chatellier
02 99 95 48 32
www.parcfloralbretagne.com

_Festival international des jardins de Chaumont-sur-Loire
www.domaine-chaumont.fr

_Le jardin des Fleurs de Poterie
Anne-Marie Deloire
250, chemin des Espeiroures
06510 Gattières
04 93 08 67 77

_Pépinières-Jardin Jean-Marie Rey
Rd 559, La Pascalette
83250 La Londe-les-Maures
04 94 05 17 87
www.pepinieres-jeanrey.com

_Jardin Lepage Bord de Mer
2, parc Meur
22560 Pleumeur-Bodou
02 96 47 27 64
www.bdm.lepage.vivaces.com

_Les Jardins de Séricourt
Yves Gosse de Gorre
62270 Séricourt
03 21 03 64 42

_Jardins Agapanthe
Alexandre Thomas
76850 Grigneuseville
02 35 33 32 05
www.jardins-agapanthe.fr

Les parcs et jardins à visiter à l'étranger

_Merriments Gardens
Hawkhurst Road
HURST GREEN
TN19 7RA East Sussex, Royaume-Uni
0044 (0) 15 80 86 06 66

_Les jardins d'Appeltern
Walstraat 2/A
6629 AD APPELTERN, Pays-Bas
www.appeltern.nl

_Jardin-Pépinières Anja et Piet Oudolf
Broekstraat, 17
6999 DE HUMMELO, Pays-Bas
www.oudolf.com

_Parc du Keukenhof
Stationsweg 166a
2161 AM LISSE, Pays-Bas
www.keukenhof.nl

_Jardin japonais de Kaiserslautern
Lauterstrasse, 18
67661 Kaiserslautern, Allemagne
www.kaiserslautern.de
www.japanischergarten.de

_East RustonOld Vicarage Gardens
East Ruston NORWICH
NR12 9HN Norfolk, Royaume-Uni
www.e-ruston-oldvicaragegardens.co.uk

Pépinières spécialisées

_Pépinières Christian Coureau
Les Basses-Rives
26300 Saint-Mamans
04 75 47 24 86
www.coureau.com

_Bonsaïs Rémy Samson
25, rue de Châteaubriand
92290 Châtenay-Malabry
01 47 02 91 99
www.lebonsai.com

Matériaux et accessoires d'esprit zen

_Enzo Zago/Polirone
Via Toscana/34, rue de l'Hôtel-de-Ville
81000 Albi
06 62 85 12 86
www.enzozago.it
www.polirone.com

_Arzinc
Francis Arsène
84, rue de la Chapelle
75018 Paris
01 40 09 74 46
www.arszinc.com

_Société HMT
28, rue Louis-Ulbach
92400 Courbevoie
01 47 88 69 60
www.hmt.fr

_UrbanatN'omades Authentic
• Marc Viladrich
ZA Les Campanellesµ
34690 Fabrègues
04 67 85 17 67
www.urbanat.fr
• Atelier du béton
10, route d'Arpajon
91630 Avrainville
01 69 26 23 23
www.atelierdubeton.com

Paysagistes en France

_Robert Bazelaire
Les Rêves de Jardin
7, rue de la Parcheminerie
58000 Nevers
06 62 70 04 54

_Pascal Callarec
Ar Vur
22450 Troguéry
02 96 91 51 53

_Jean-Jacques Derboux
Gecko Jardin
« Le Redounel »
Route de Sainte-Croix
34820 Assas
04 67 59 61 40

_Christian Fournet
30, rue Louis Ulbach
92400 Courbevoie
01 41 88 93 33
www.c-fournet.com

_Ronan Le Carvennec
13, rue Saint Yves
22220 Tréguier
02 96 91 33 07
www.ronanlecarvennec.com

_Marc Nucera
4, rue du Four/BP 16
13550 Noves
04 90 92 99 21

_Horticulture et Jardin
Pierre-Alexandre Risser
5, sente des Fréculs
95390 Saint-Prix
01 34 27 90 19
www.hjardins.fr

_Jardins et Topiaires
Christophe Valayé
Le Champ des Loups
12630 Cagac Le Bas
05 65 73 17 39
www.christophevalaye.com

_Michel Sémini
Rue Saint-Frusquin
84220 Goult
04 90 72 38 50

_Erwan Tymen
Penquelen
56530 Quéven
02 97 65 99 76
www.erwantymen.com

_James Basson
Le Mas de la Fee
Chemin du Terray
06620 Le Bar-sur-Loup
06 22 13 82 18

_Atelier TESE
Arnaud Franqueville
Le Mas des Iles
995, Avenue de la Calade
83140 Six-Fours-les-Plages
04 94 25 47 80

Paysagistes à l'étranger

_Kristof Swinnen
Onze-Lieve Vrouwstraat, 24
9100 Sint-Niklass, Belgique
0032 (0) 37 10 11 51
info@swinnenkristof.com

_Piet Blanckaert
Dopheidestraat 7
8200 St-Andries, Belgique
0032 (0) 50 37 92 74

_Anthony Paul
Black and White Cottage
Standon Lane
RH5 5QR Ockley Surrey, Royaume-Uni
0044 (0) 1306627677
design@anthonypaullandscapedesign.com

Crédits photos

Les auteurs Pierre Nessmann, Brigitte et Philippe Perdereau souhaitent remercier chaleureusement les propriétaires, les jardiniers et les paysagistes qui leur ont ouvert les portes de leur jardin et de leur création.

En couverture : création du paysagiste-artiste Robert Bazelaire.

– Architecte Philippe Chambon, Vic Fezensac : 47.
– Chez Michel Bras, architecte Éric Raffy, paysagiste Christophe Valayé : 37, 55.
– Création Anthony Paul : 14-15, 28 à gauche, 41, 99.
– Création Callarec & Le Carvennec : 62-63, 66, 69, 71, 105 à droite (Courson).
– Création Christian Fournet : 34-35, 100, 106, 112.
– Création Christophe Valayé : 102, 103, 110, 123.
– Création Erwan Tymen : 104.
– Création James Basson : 121 en haut.
– Création Jean-Jacques Derboux, Gecko Jardin : 8, 12, 18-19, 23, 31, 39, 59 à gauche.
– Création Kristof Swinnen : 10-11, 48, 68, 77, 78.
– Création Marc Nucera : 28 à droite.
– Création Michel Semini : 88, 91, 107, 113 en haut.
– Création Pascal Callarec : 52, 53, 54, 57 en bas, 59 à droite, 113 en bas, 118-119.
– Création Piet Blanckaert : 90.
– Création Robert Bazelaire : 4, 7.
– Création Serge & Agnès Bottagisio : 82.
– Créations Atelier du Béton : 84, 85 à gauche et au centre.
– Domaine de Courson, observatoire des tendances : 94.
– East Ruston Old Rectory : 109, 115.

– Festival des Jardins de Chaumont : 21, 60.
– Hampton Court, création Alan Smith : 46.
– Hampton Court, création Catherine Heatherington : 24.
– Hampton Court, création Paul Martin : 96.
– Hampton Court, création Sarah Price : 32, 95.
– Jardin Agapanthe : 108 en haut, 111.
– Jardin du Mas Predon : 86.
– Jardin Fleurs de Poteries : 25.
– Jardin japonais de Kaiserslautern : 92-93.
– Jardin Koelemeyer : 27.
– Jardin Lepage « Bord de mer » : 58, 122.
– Jardin Parc Floral de Haute Bretagne : 16.
– Jardin Piet Oudolf : 38, 40, 120.
– Jardins d'Appletern : 29, 36 à gauche, 49 en bas, 50-51, 70, 72, 75, 79, 87 en bas.
– Jardins de Séricourt, Yves Gosse de Gorre : 116.
– Jardins des Salines d'Arc-et-Senans : 87 en haut.
– Jardins jardin, création Société HMT : 22, 44, 61.
– Merriments gardens : 26.
– Parc de Keukenhof, création Jacqueline van der Kloet : 42-43, 80, 81.
– Passion-Jardin, Aix-en-Provence : 56, 57, 74, 97.
– Pépinières-Jardin Jean-Marie Rey : 47, 89.
– Poteries Enzo Zago : 83.

Achevé d'imprimer en mars 2011
Sur les presses de l'imprimerie Dedalo à Valladolid
Imprimé en Espagne
Dépôt légal : avril 2011